школа - Šola · 2
падарожжа - Potovanje · 5
транспарт - Prevoz · 8
горад - Mesto · 10
краявід - Pokrajina · 14
рэстаран - Restavracija · 17
супермаркет - Supermarket · 20
напоі - Pijače · 22
ежа - Hrana · 23
сядзіба - Kmetija · 27
дом - Hiša · 31
жылы пакой - Dnevna soba · 33
кухня - Kuhinja · 35
ванная - Kopalnica · 38
дзіцячы пакой - Otroška soba · 42
адзенне - Oblačilo · 44
офіс - Pisarna · 49
эканоміка - Gospodarstvo · 51
прафесіі - Poklici · 53
інструменты - Orodje · 56
музычныя інструменты - Glasbeni instrument · 57
заапарк - Živalski vrt · 59
спорт - Šport · 62
дзейнасць - Dejavnosti · 63
сям'я - Družina · 67
цела - Telo · 68
шпіталь - Bolnišnica · 72
экстраная дапамога - Nujni primer · 76
Зямля - Zemlja · 77
гадзіннік - Ura · 79
тыдзень - Teden · 80
год - Leto · 81
формы - Oblike · 83
колеры - Barve · 84
супрацьлегласці - Nasprotja · 85
лічбы - Števila · 88
мовы - Jeziki · 90
хто / што / як - Kdo / kaj / kako · 91
дзе - Kje · 92

Impressum
Verlag: BABADADA GmbH, Nedderfeld 112 , 22529 Hamburg
Geschäftsführer / Verlagsleitung: Harald Hof
Druck: Books on Demand GmbH, In de Tarpen 42, 22848 Norderstedt

Imprint
Publisher: BABADADA GmbH, Nedderfeld 112 , 22529 Hamburg, Germany
Managing Director / Publishing direction: Harald Hof
Print: Books on Demand GmbH, In de Tarpen 42, 22848 Norderstedt, Germany

школа
Šola

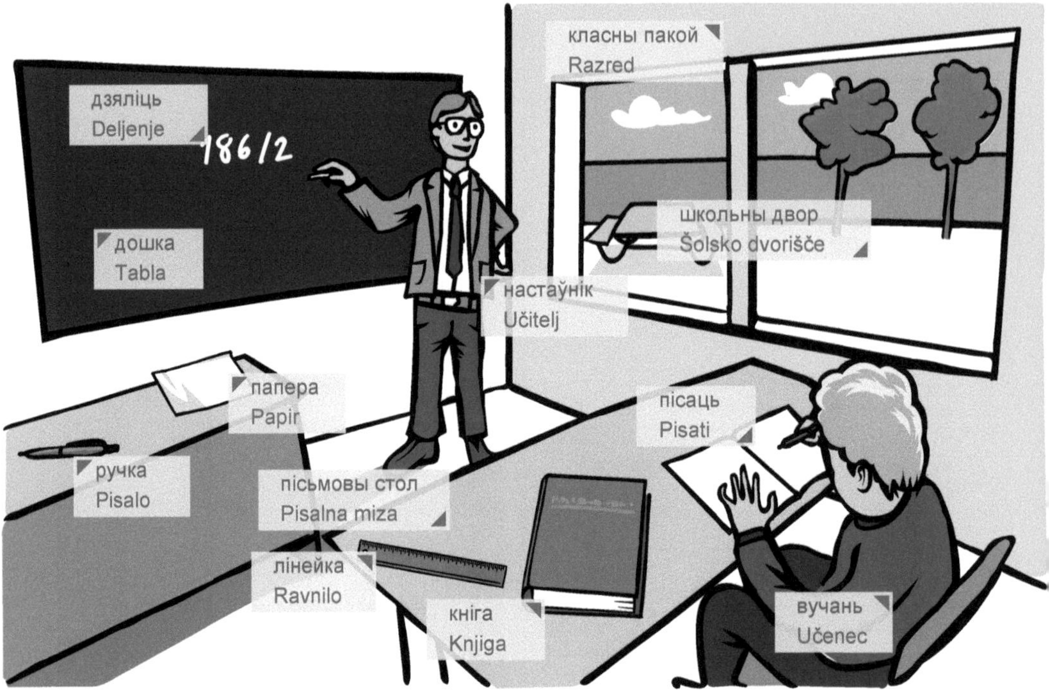

класны пакой
Razred
дзяліць
Deljenje
186/2
дошка
Tabla
школьны двор
Šolsko dvorišče
настаўнік
Učitelj
папера
Papir
пісаць
Pisati
ручка
Pisalo
пісьмовы стол
Pisalna miza
лінейка
Ravnilo
кніга
Knjiga
вучань
Učenec

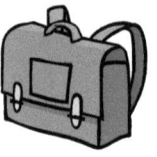

ранец

Šolska torba

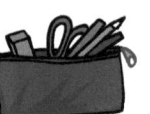

пенал

Peresnica

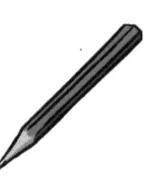

просты аловак

Svinčnik

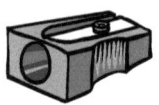

тачылка для алоўкаў

Šilček

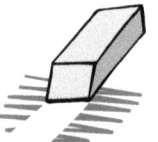

гумка

Radirka

альбом для малявання

Risalni blok

малюнак

Risba

пэндзлік

Čopič

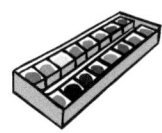

фарбы

Vodene barvice

нажніцы

Škarje

клей

Lepilo

сшытак

Zvezek

хатняе заданне

Domača naloga

лік

Število

дадаваць

Seštevanje

адымаць

Odštevanje

множыць

Množenje

лічыць

Računanje

літара

Črka

алфавіт

Abeceda

слова

Beseda

тэкст

Besedilo

чытаць

Brati

крэйда

Kreda

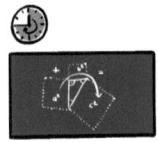

ўрок

Učna ura

класны журнал

Redovalnica

экзамен

Preizkus znanja

атэстат

Spričevalo

школьная форма

Šolska uniforma

адукацыя

Izobrazba

энцыклапедыя

Enciklopedija

універсітэт

Univerza

мікраскоп

Mikroskop

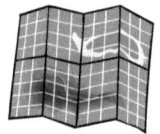

карта

Zemljevid

смеццевы кошык

Koš za smeti

гатэль
Hotel

хостэл
Hostel

ROOMS

абменны пункт
Menjalnica

EXCHANGE

чамадан
Kovček

аўтамабіль
Avtomobil

мова

Jezik

так / не

da / ne

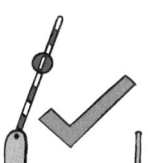

добра

Prav

прывітанне!

Pozdravljeni

перакладчык

Prevajalec

дзякуй

Hvala

Колькі каштуе....?

Koliko stane...?

я не разумею

Ne razumem

праблема

Težava

Добры вечар!

Dober večer!

Добрай раніцы!

Dobro jutro!

Дабранач!

Lahko noč!

да пабачэння

Nasvidenje

кірунак

Smer

багаж

Prtljaga

сумка

Torba

заплечнік

Nahrbtnik

госць

Gost

пакой

Soba

спальны мяшок

Spalna vreča

палатка

Šotor

інфармацыя для турыстаў

Turistične informacije

пляж

Plaža

крэдытная картка

Kreditna kartica

снеданне

Zajtrk

абед

Kosilo

вячэра

Večerja

праязны білет

Vozovnica

ліфт

Dvigalo

паштовая марка

Znamka

мяжа

Meja

мытня

Carina

пасольства

Veleposlaništvo

віза

Vizum

пашпарт

Potni list

транспарт
Prevoz

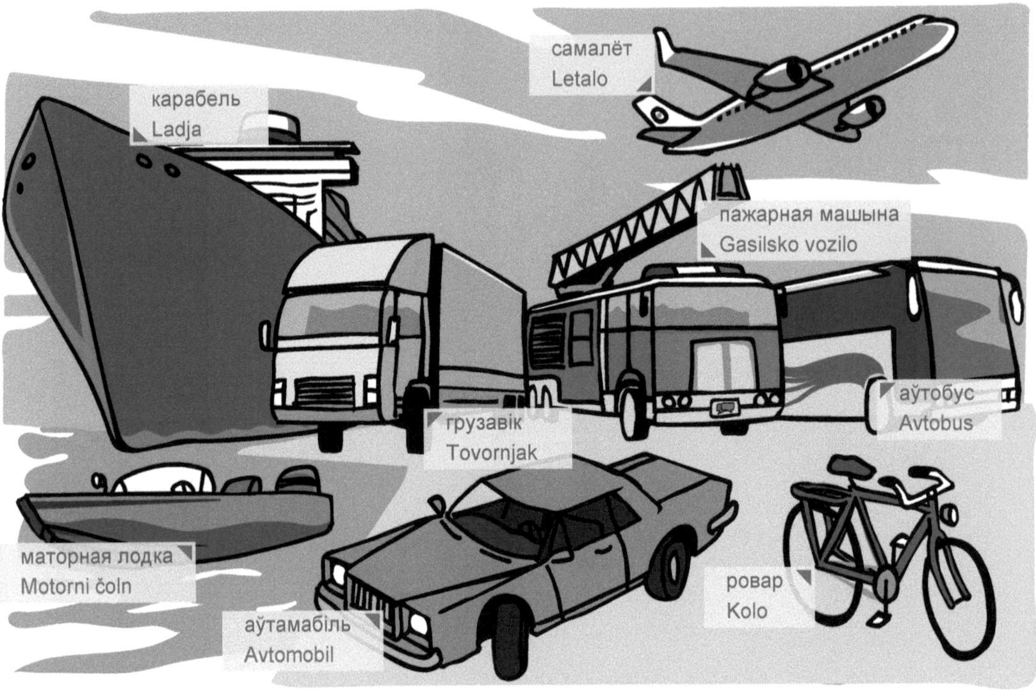
самалёт
Letalo
карабель
Ladja
пажарная машына
Gasilsko vozilo
аўтобус
Avtobus
грузавік
Tovornjak
маторная лодка
Motorni čoln
ровар
Kolo
аўтамабіль
Avtomobil

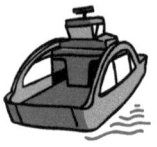

паром

Trajekt

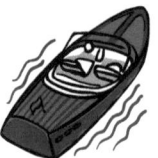

лодка

Čoln

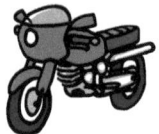

матацыкл

Motorno kolo

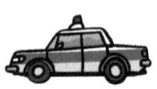

паліцэйская машына

Policijski avto

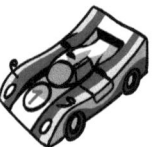

гоначны аўтамабіль

Dirkalni avto

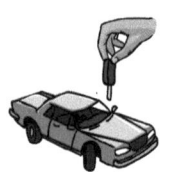

арэндаваны аўтамабіль

Najeto vozilo

сумеснае карыстанне аўтамабілем

Souporaba avtomobila

эвакуатар

Avtovleka

смеццявоз

Smetarsko vozilo

матор

Motor

паліва

Gorivo

запраўка

Bencinska postaja

дарожны знак

Prometni znak

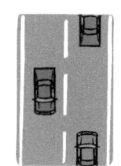

дарожны рух

Promet

затор

Zastoj

паркоўка

Parkirišče

чыгуначная станцыя

Železniška postaja

рэйкі

Tirnice

цягнік

Vlak

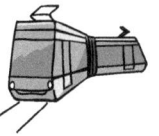

трамвай

Tramvaj

вагон

Vagon

верталёт

Helikopter

аэрапорт

Letališče

вежа

Stolp

пасажыр

Potnik

кантэйнер

Kontejner

кардонная скрыня

Karton

тачка

Voziček

карзіна

Košara

ўзлятаць / прызямляцца

vzleteti / pristati

горад

Mesto

вёска

Vas

цэнтр горада

Mestno jedro

дом

Hiša

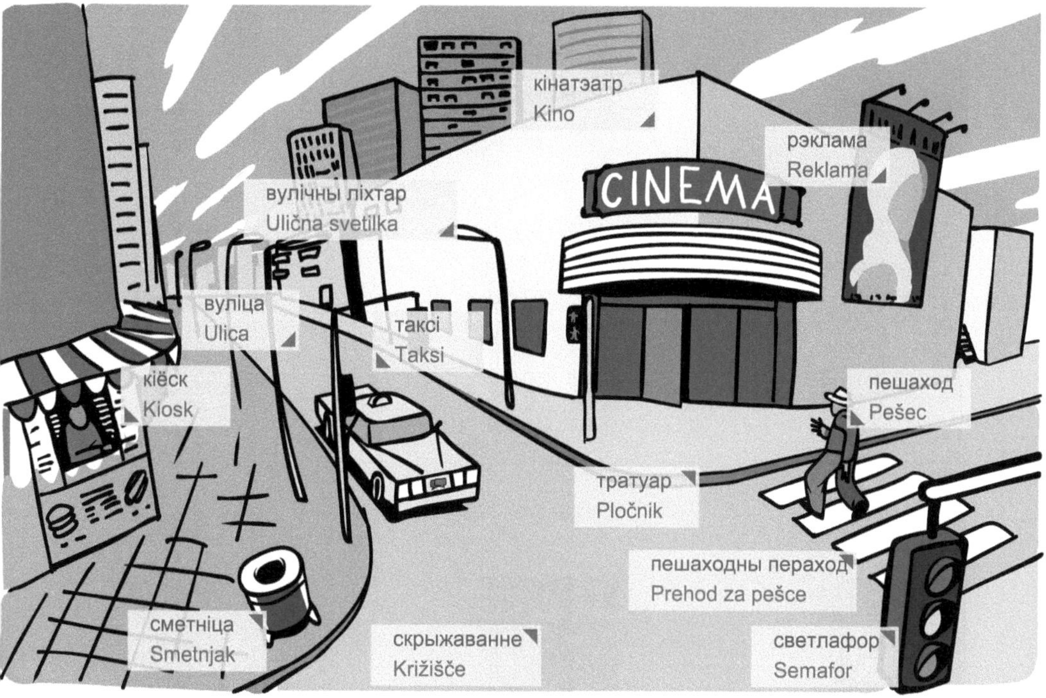

кінатэатр
Kino
рэклама
Reklama
CINEMA
вулічны ліхтар
Ulična svetilka
вуліца
Ulica
таксі
Taksi
кіёск
Kiosk
пешаход
Pešec
тратуар
Pločnik
пешаходны пераход
Prehod za pešce
сметніца
Smetnjak
скрыжаванне
Križišče
светлафор
Semafor

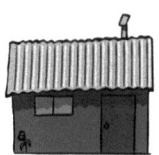

халупа

Koča

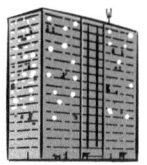

кватэра

Stanovanje

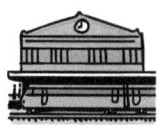

чыгуначная станцыя

Železniška postaja

ратуша

Mestna hiša

MUSEUM

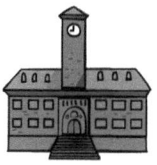

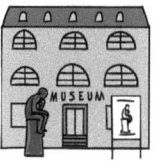

музей

Muzej

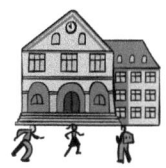

школа

Šola

універсітэт

Univerza

банк

Banka

шпіталь

Bolnišnica

гатэль

Hotel

аптэка

Lekarna

офіс

Pisarna

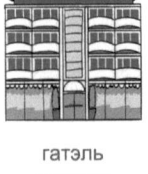

кнігарня

Knjigarna

крама

Trgovina

кветкавая крама

Cvetličarna

супермаркет

Supermarket

кірмаш

Tržnica

універмаг

Veleblagovnica

рыбная крама

Ribarnica

гандлевы цэнтр

Nakupovalno središče

порт

Pristanišče

город - Mesto

парк

Park

лава

Klop

мост

Most

лесвіца

Stopnice

метро

Podzemna železnica

тунэль

Predor

прыпынак

Avtobusno postajališče

бар

Bar

рэстаран

Restavracija

паштовая скрыня

Poštni nabiralnik

вулічны паказальнік

Ulična tabla

паркамат

Parkirna ura

заапарк

Živalski vrt

басейн

Kopališče

мячэць

Mošeja

сядзіба

Kmetija

забруджванне
навакольнага асяроддзя

Onesnaževanje

могілкі

Pokopališče

царква

Cerkev

пляцоўка для гульні

Otroško igrišče

храм

Tempelj

краявід
Pokrajina

ліст
List

паказальнік
Kažipot

дарога
Pot

луг
Travnik

камень
Kamen

дрэва
Drevo

падарожнік
Pohodnik

рака
Reka

трава
Trava

кветка
Cvetlica

даліна

Dolina

гара

Hrib

возера

Jezero

лес

Gozd

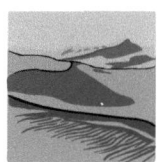

пустыня

Puščava

вулкан

Vulkan

замак

Grad

вясёлка

Mavrica

грыб

Goba

пальма

Palma

камар

Komar

муха

Muha

мурашка

Mravlja

пчала

Čebela

павук

Pajek

жук

Hrošč

жаба

Žaba

вавёрка

Veverica

вожык

Jež

заяц

Zajec

сава

Sova

птушка

Ptič

лебедзь

Labod

дзік

Divji prašič

алень

Jelen

лось

Los

плаціна

Jez

вятрак

Vetrnica

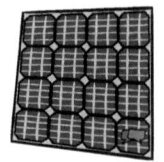

сонечная батарэя

Solarna plošča

клімат

Podnebje

рэстаран
Restavracija

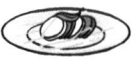

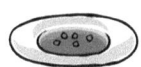

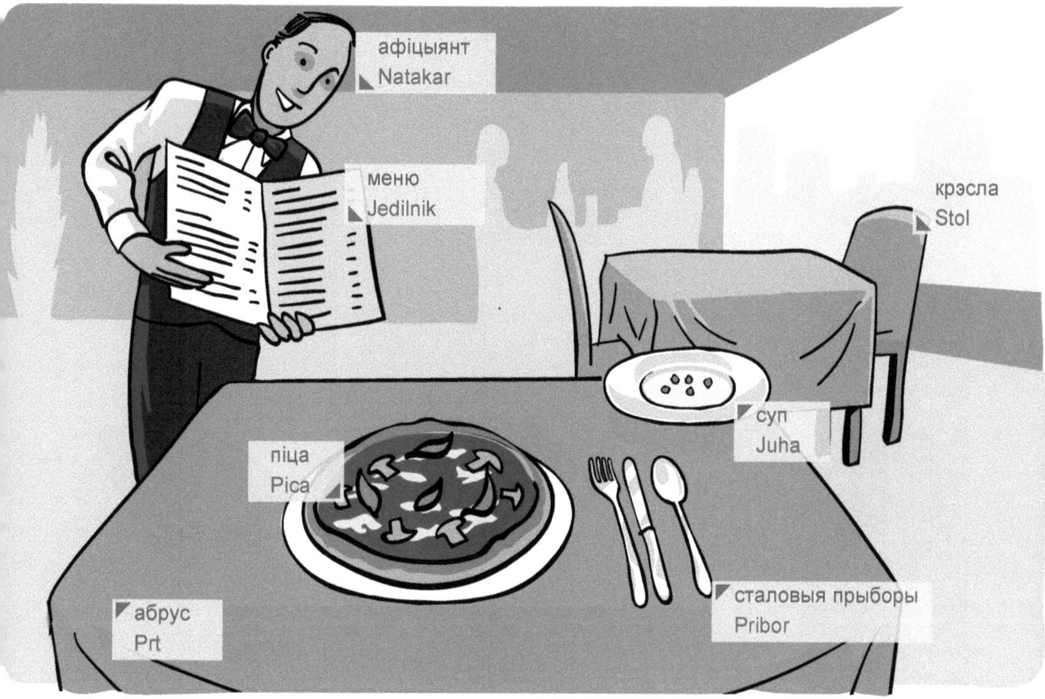
афіцыянт
Natakar
меню
Jedilnik
крэсла
Stol
суп
Juha
піца
Pica
абрус
Prt
сталовыя прыборы
Pribor

закуска

Predjed

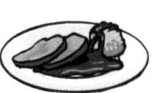

другая страва

Glavna jed

дэсерт

Sladica

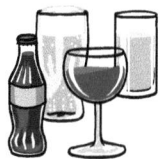

напоі

Pijače

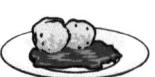

ежа

Hrana

бутэлька

Steklenica

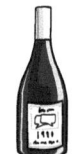

хуткае харчаванне (фаст-фуд)

Hitra hrana

стрыт-фуд

Ulična hrana

імбрык (чайнік)

Čajnik

цукарніца

Sladkornica

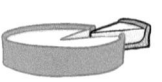

порцыя

Porcija

эспрэса-машына

Aparat za espresso

дзіцячае крэселка

Stolček za hranjenje

рахунак

Račun

паднос

Pladenj

нож

Nož

відэлец

Vilica

лыжка

Žlica

чайная лыжка

Čajna žlička

сурвэтка

Servieta

шклянка

Kozarec

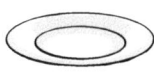

талерка
....
Krožnik

супавая талерка
....
Globoki krožnik

сподак
....
Krožniček

соус
....
Omaka

сальніца
....
Solnica

млынок для перцу
....
Mlinček za poper

воцат
....
Kis

алей
....
Olje

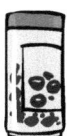

спецыі
....
Začimbe

кетчуп
....
Kečap

гарчыца
....
Gorčica

маянэз
....
Majoneza

супермаркет
Supermarket

акцыя
Posebna ponudba
FOR
пакупнік
Stranka
малочныя прадукты
Mlečni izdelki
садавіна
Sadje
вазок
Nakupovalni voziček

BUTCHERS

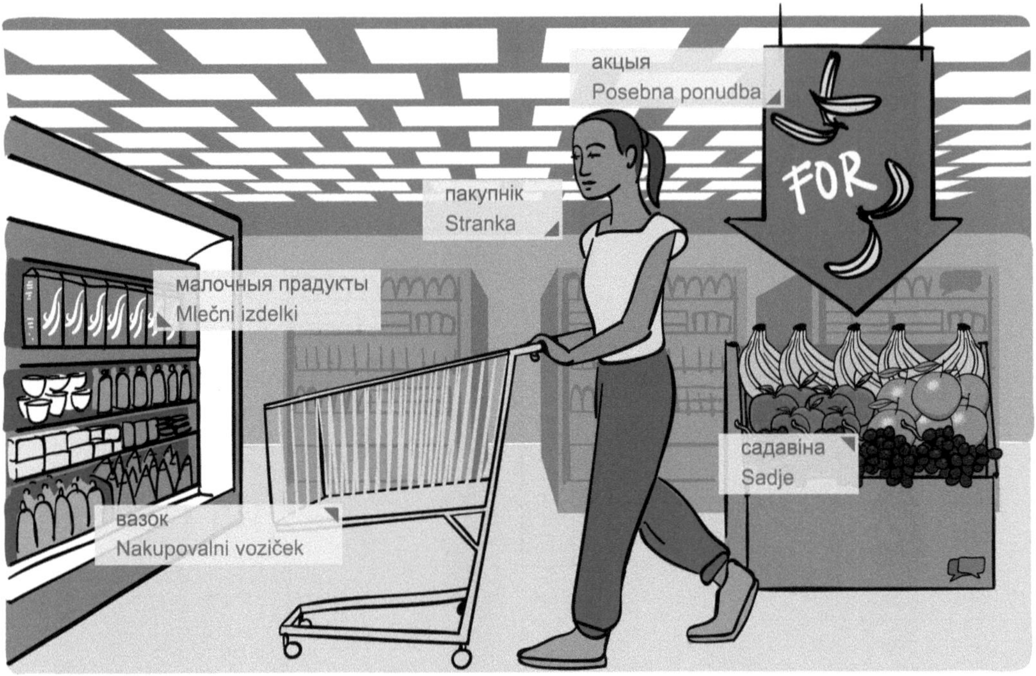

мясная крама

Mesnica

BAKERY

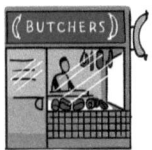

хлебны магазін

Pekarna

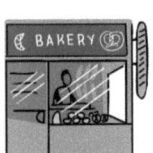

важыць

Tehtati

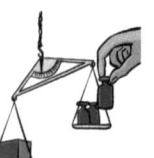

гароднiна

Zelenjava

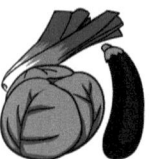

мяса

Meso

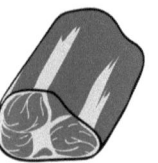

свежазамарожаныя прадукты

Zamrznjena hrana

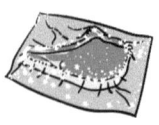

нарэзка

Hladne mesnine

кансервы

Konzerve

пральны парашок

Pralni prašek

прысмакі

Sladkarije

хатнія прылады

Gospodinjski izdelki

чысцячы сродак

Čistilno sredstvo

прадавец

Prodajalka

каса

Blagajna

касір

Blagajnik

спіс пакупак

Nakupovalni seznam

гадзіны працы

Delovni čas

бумажнік

Denarnica

крэдытная картка

Kreditna kartica

сумка

Torba

пакет

Plastična vrečka

вада

Voda

сок

Sok

малако

Mleko

кола

Kola

віно

Vino

піва

Pivo

алкаголь

Alkohol

какава

Kakav

гарбата (чай)

Čaj

кава

Kava

эспрэса

Espresso

капучына

Kapučino

банан

Banana

яблык

Jabolko

апельсін

Pomaranča

дыня

Lubenica

лімон

Limona

морква

Korenje

часнок

Česen

бамбук

Bambus

цыбуля

Čebula

грыб

Goba

арэхі

Oreščki

локшына

Rezanci

спагеці

Špageti

рыс

Riž

салата

Solata

бульба фры

Ocvrt krompirček

смажаная бульба

Pečen krompir

піца

Pica

гамбургер

Hamburger

бутэрброд

Sendvič

шніцаль

Zrezek

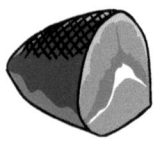

вяндліна

Šunka

салямі

Salama

каўбаса

Klobasa

курыца

Piščanec

смажаніна

Pečenka

рыбак

Riba

аўсяныя камякі

Ovseni kosmiči

мюслі

Musli

кукурузныя шматкі

Koruzni kosmiči

мука

Moka

круасан

Rogljiček

булачка

Žemlja

хлеб

Kruh

тост

Prepečenec

пячэнне

Piškoti

масла

Maslo

тварог

Skuta

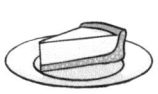

пірог

Torta

яйка

Jajce

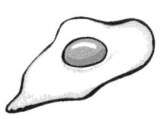

яечня

Pečeno jajce na oko

сыр

Sir

марожанае

Sladoled

цукар

Sladkor

мёд

Med

варэнне

Marmelada

нуга

Čokoladni namaz

кары

Kari

хата
Kmečka hiša

хлеў
Skedenj

цюк саломы
Bala slame

поле
Polje

конь
Konj

прычэп
Prikolica

жарабя
Žrebe

трактар
Traktor

асёл
Osel

ягня
Jagnje

авечка
Ovca

каза

Koza

карова

Krava

цяля

Tele

свіння

Prašič

парася

Pujsek

бык

Bik

гусак

Gos

качка

Raca

кураня

Piščanec

курыца

Kokoš

певень

Petelin

пацук

Podgana

кот

Mačka

мыш

Miš

вол

Vol

сабака

Pes

сабачая будка

Pasja uta

садовы шланг

Cev za zalivanje

палівачка

Kangla za zalivanje

каса

Kosa

плуг

Plug

серп

Srp

матыка

Motika

вілы для гною

Vile

сякера

Sekira

тачка

Samokolnica

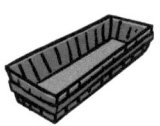

карыта

Korito

бітон для малака

Kangla za mleko

мех

Vreča

плот

Ograja

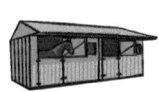

хлеў

Hlev

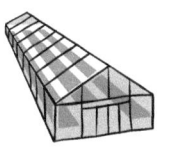

цяпліца

Rastlinjak

глеба

Prst

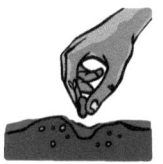

насенне

Seme

угнаенне

Gnojilo

камбайн

Kombajn

збіраць ураджай

Žeti

ураджай

Žetev

ямс

Jam

пшаніца

Pšenica

соя

Soja

бульба

Krompir

кукуруза

Koruza

рапс

Oljna ogrščica

садовае дрэва

Sadno drevo

маніёк

Maniok

збожжа

Žito

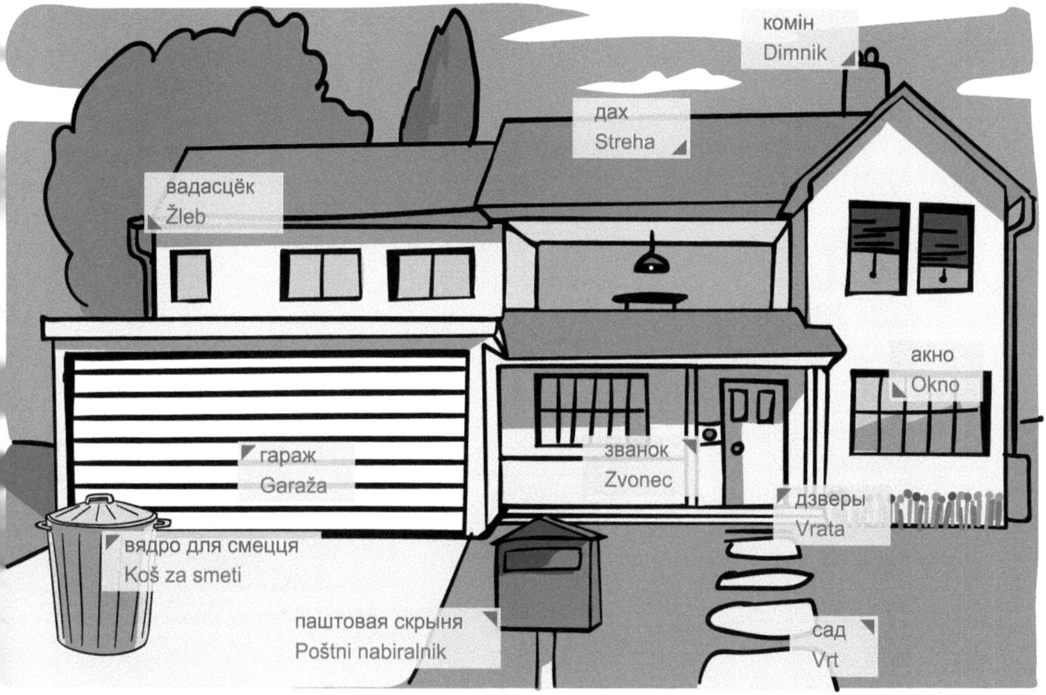

комін
Dimnik

дах
Streha

вадасцёк
Žleb

акно
Okno

гараж
Garaža

званок
Zvonec

дзверы
Vrata

вядро для смецця
Koš za smeti

паштовая скрыня
Poštni nabiralnik

сад
Vrt

жылы пакой

Dnevna soba

ванная

Kopalnica

кухня

Kuhinja

спальны пакой

Spalnica

дзіцячы пакой

Otroška soba

сталоўка

Jedilnica

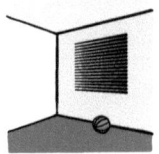  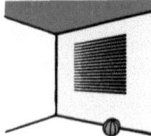

падлога	сцяна	столь
Tla	Stena	Strop

падвал	саўна	балкон
Klet	Savna	Balkon

 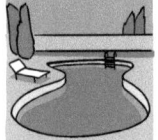 

тэраса	басейн	касілка
Terasa	Bazen	Kosilnica

падкоўдранік	коўдра	ложак
Rjuha	Posteljno pregrinjalo	Postelja

венік	вядро	выключальнік
Metla	Vedro	Stikalo

жылы пакой

Dnevna soba

шпалеры
Tapeta
малюнак
Slika
лямпа
Svetilka
паліца
Polica
шафа
Omara
тэлевізар
Televizor
камін
Kamin
кветка
Cvetlica
падушка
Blazina
канапа
Zofa
ваза
Vaza
пульт
Daljinski upravljalnik

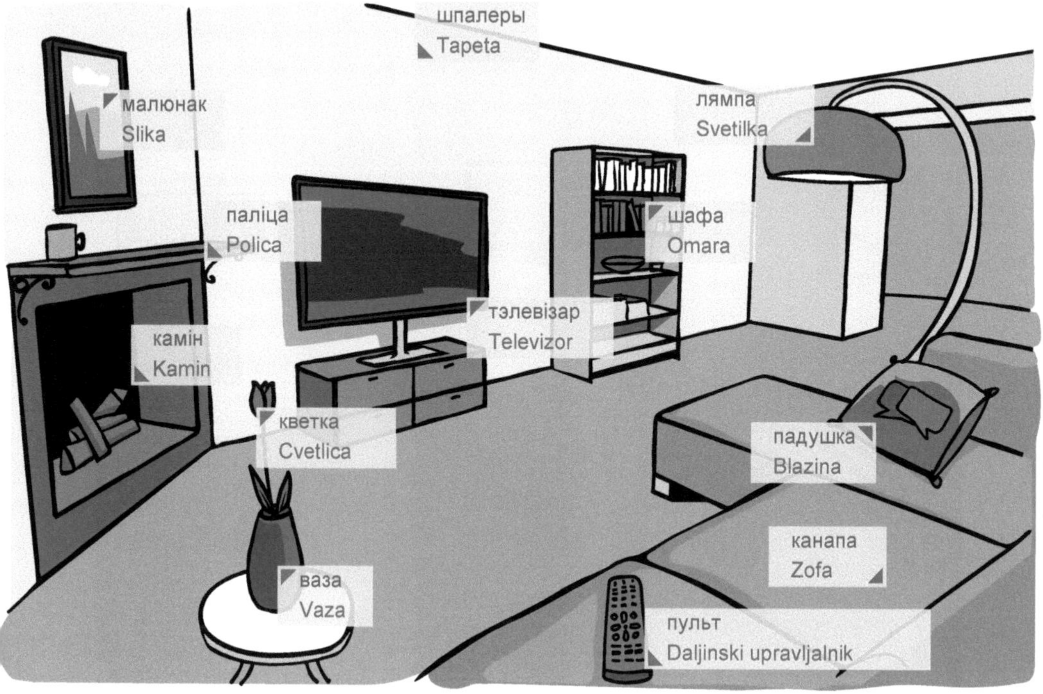

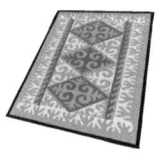

дыван

Preproga

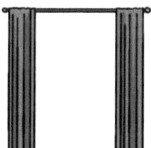

фіранка

Zavesa

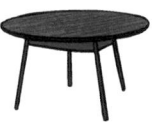

стол

Miza

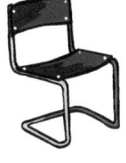

крэсла

Stol

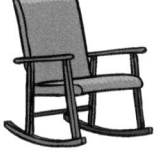

крэсла-качалка

Gugalnik

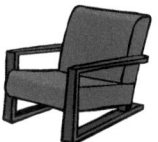

крэсла

Naslanjač

кніга

Knjiga

коўдра

Odeja

дэкарацыя

Dekoracija

дровы

Drva

кіно

Film

стэрэасістэма

Glasbeni stolp

ключ

Ključ

газета

Časopis

карціна

Slika

постар

Plakat

радыё

Radio

нататнік

Beležka

пыласос

Sesalnik

кактус

Kaktus

свечка

Sveča

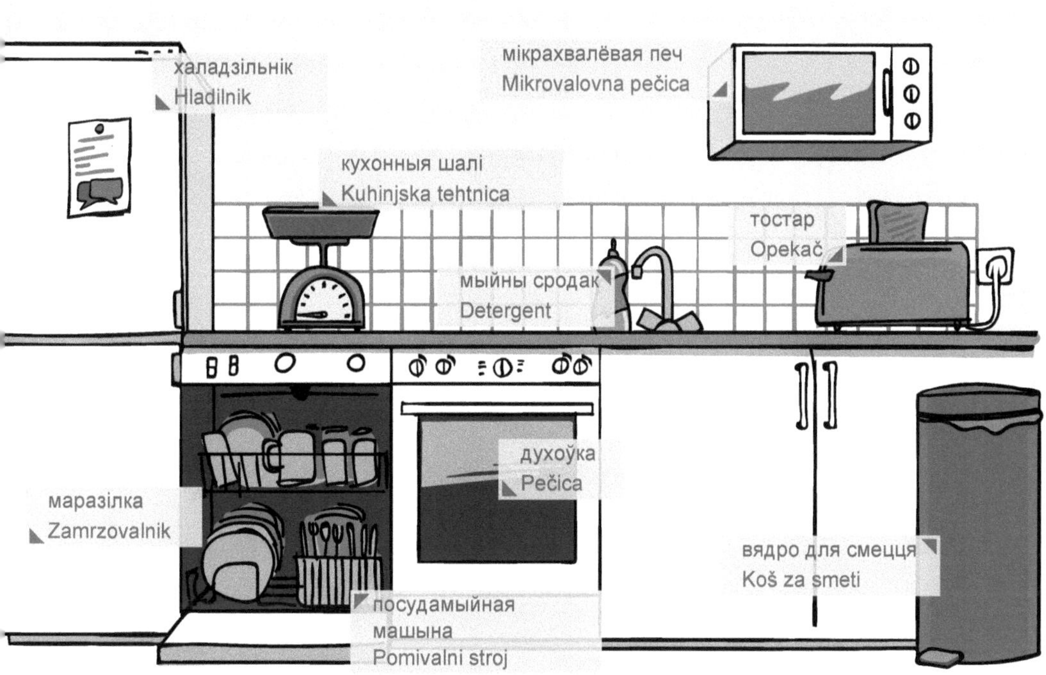

мікрахвалёвая печ
Mikrovalovna pečica

халадзільнік
Hladilnik

кухонныя шалі
Kuhinjska tehtnica

тостар
Opekač

мыйны сродак
Detergent

духоўка
Pečica

маразілка
Zamrzovalnik

вядро для смецця
Koš za smeti

посудамыйная
машына
Pomivalni stroj

плíта
Kozica

рондаль
Lonec

чыгунок
Litoželezni lonec

Вок / кадаі
Vok / kadai

патэльня
Ponev

чайнік
Kotliček

параварка

Parni kuhalnik

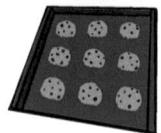

бляха

Pekač

посуд

Posoda

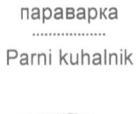

кубак

Skodelica

міска

Skleda

палачкі для ежы

Jedilne paličice

чарпак

Zajemalka

лапатачка

Lopatica

збівалка

Metlica

сіта для варэння

Cedilnik

сіта

Cedilo

тарка

Strgalo

ступка

Možnar

грыль

Žar

вогнішча

Ognjišče

кухня - Kuhinja

дошка

Deska za rezanje

качалка

Valjar

штопар

Odpirač za steklenice

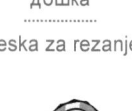

бляшанка

Pločevinka

адкрывалка

Odpirač za konzerve

прыхваткі

Prijemalka za posodo

ракавіна

Korito

шчотка

Ščetka

губка

Goba

міксер

Mešalnik

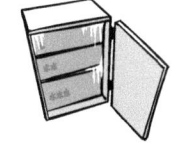

маразільная камера

Zamrzovalna skrinja

бутэлечка

Steklenička

вадаправодны кран

Pipa

ванная

Kopalnica

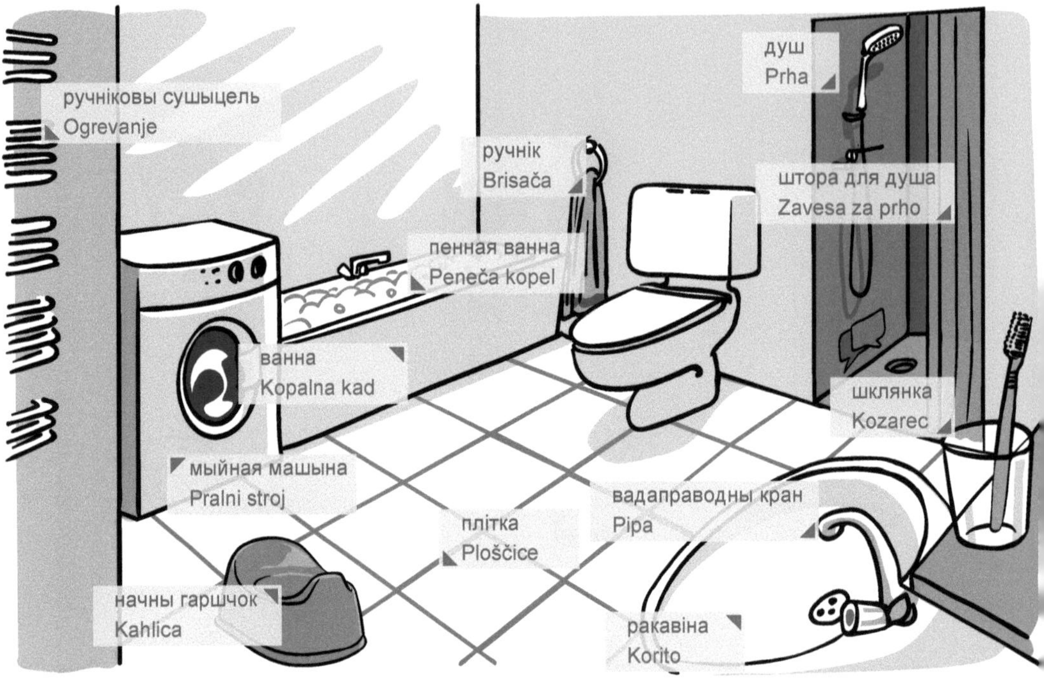
душ
Prha
ручніковы сушыцель
Ogrevanje
ручнік
Brisača
штора для душа
Zavesa za prho
пенная ванна
Peneča kopel
ванна
Kopalna kad
шклянка
Kozarec
мыйная машына
Pralni stroj
вадаправодны кран
Pipa
плітка
Ploščice
начны гаршчок
Kahlica
ракавіна
Korito

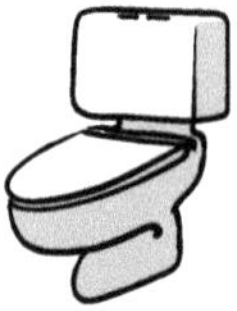

туалет

Stranišče

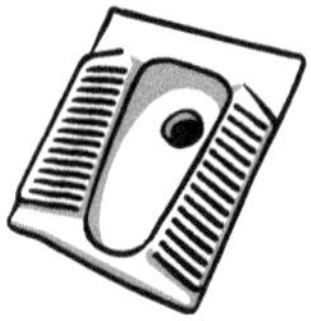

падлогавы ўнітаз

Stranišče na počep

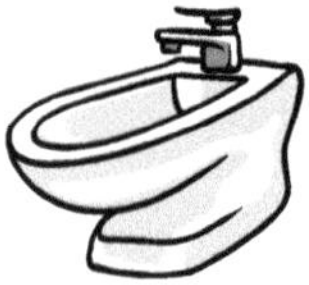

бідэ

Bide

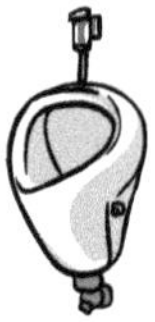

пісуар

Pisoar

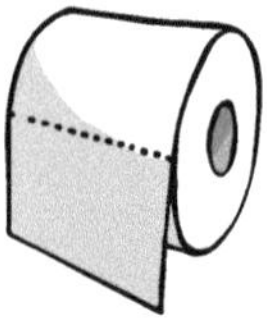

туалетная папера

Toaletni papir

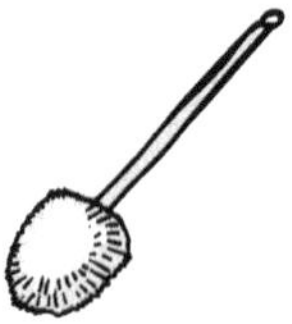

шчотка для чысткі ўнітаза

Ščetka za straniščno školjko

зубная шчотка

Zobna ščetka

зубная паста

Zobna pasta

зубная нітка

Zobna nitka

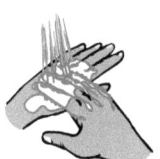

мыць

Umiti se

ручны душ

Ročna prha

інтымны душ

Prha za intimne dele

умывальнік

Umivalnik

шчотка для спіны

Krtača za hrbet

мыла

Milo

гель для душа

Gel za prhanje

шампунь

Šampon

вяхотка

Krpica za miljenje

вадасцёк

Odtok

крэм

Krema

дэзадарант

Deodorant

люстэрка

Ogledalo

касметычнае люстэрка

Ročno ogledalo

станок для галення

Britvica

пена для галення

Pena za britje

ласьён пасля галення

Vodica po britju

грэбень

Glavnik

шчотка

Ščetka

фен

Sušilnik za lase

лак для валасоў

Lak za lase

касметыка

Ličila

памада

Šminka

лак для пазногцяў

Lak za nohte

вата

Vatirane blazinice

манікюрныя нажніцы

Škarjice za nohte

духі

Parfum

касметычка

Toaletna torbica

табурэтка

Stol brez naslonjala

вагі

Osebna tehtnica

лазневы халат

Kopalni plašč

санітарныя пальчаткі

Gumijaste rokavice

тампон

Tampon

гігіенічныя пракладкі

Damski vložki

біятуалет

Kemično stranišče

дзіцячы пакой

Otroška soba

будзільнік
Budilka
мяккая цацка
Plišasta igrača
цацачная машынка
Avtomobilček
бразготка
Ropotuljica
лялечны домік
Hiška za punčke
падарунак
Darilo

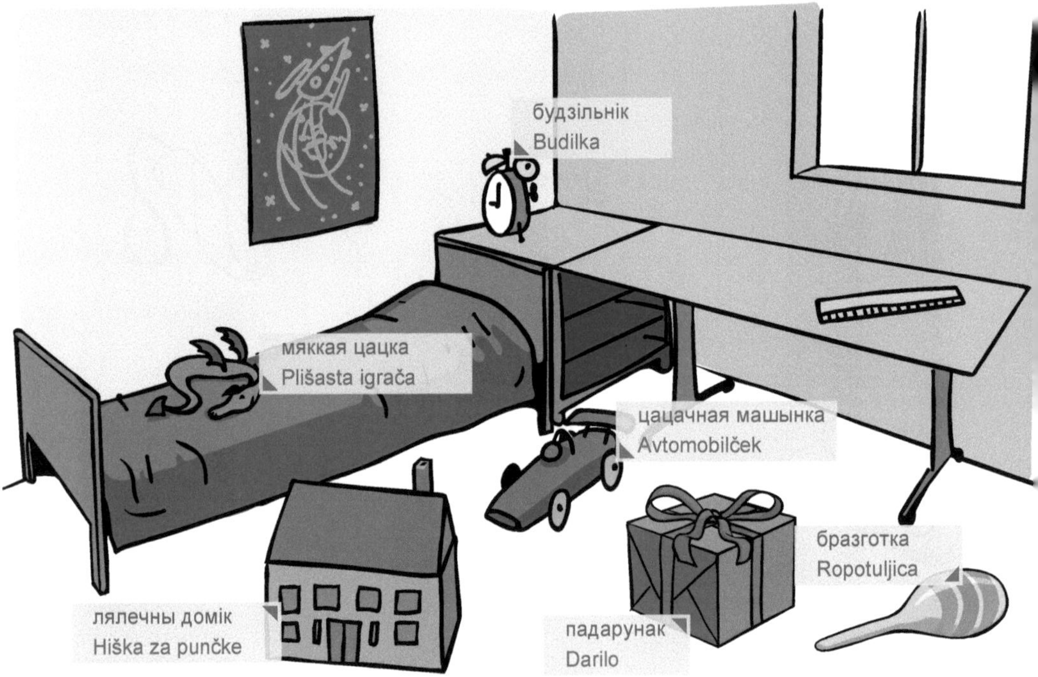

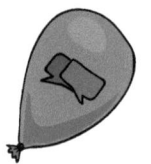

надзіманы шарык

Balon

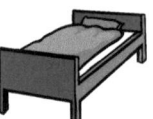

ложак

Postelja

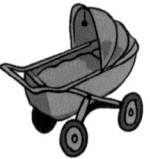

дзіцячая каляска

Otroški voziček

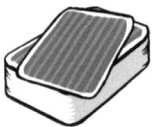

калода картаў

Igralne karte

пазл

Sestavljanka

SUPER
MEGA

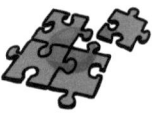

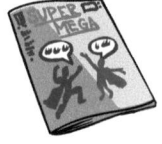

комікс

Strip

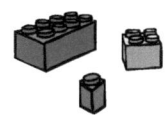

канструктар "Лега"

Lego kocke

канструктар

Igralne kocke

экшэн-фігурка

Akcijska figura

дзіцячы гарнітур

Bodi

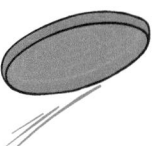

фрызбі

Frizbi

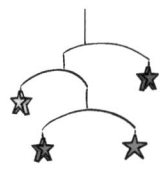

дзіцячы мабіль

Vrtiljak za posteljico

настольная гульня

Namizna igra

кубік

Kocka

дзіцячая чыгунка

Komplet modelov vlakov

пустышка

Duda

дзіцячае свята

Zabava

кніга з малюнкамі

Slikanica

мячык

Žoga

лялька

Lutka

гуляцца

Igrati se

пясочніца

Peskovnik

арэлі

Gugalnica

цацкі

Igrače

гульнявая відэа прыстаўка

Igralna konzola

трохколавы ровар

Tricikel

плюшавы мішка

Plišasti medvedek

шафа

Garderoba

адзенне

Oblačilo

шкарпэткі

Nogavice

панчохі

Samostoječe nogavice

калготкі

Hlačne nogavice

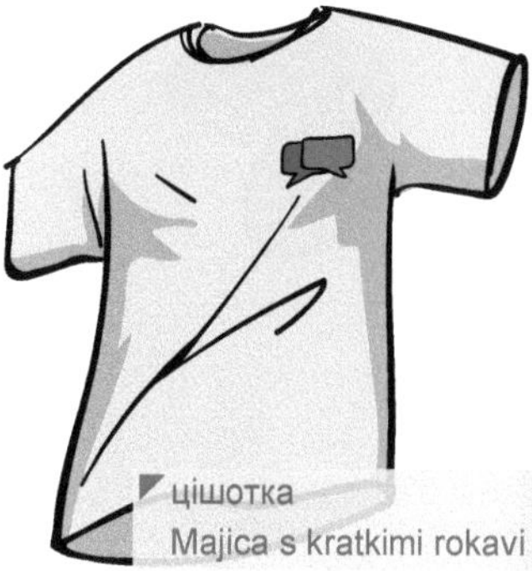

шалік
Šal

рамень
Pas

парасон
Dežnik

цішотка
Majica s kratkimi rokavi

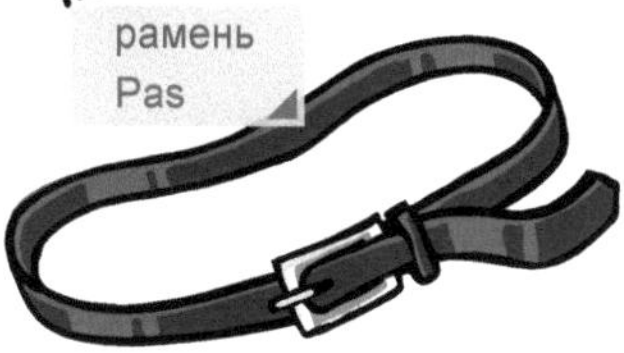

красоўкі
Športni copati

боты
Škornji

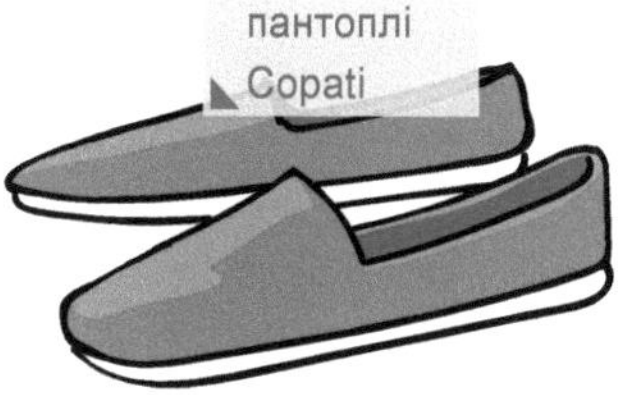

пантоплі
Copati

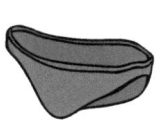

сандалі
Sandali

абутак
Čevlji

гумовыя боты
Gumijasti škornji

трусы
Spodnje hlače

бюстгальтар
Modrček

майка
Telovnik

бодзі
Bodi

штаны
Hlače

джынсы
Kavbojke

спадніца
Krilo

блузка
Bluza

кашуля
Srajca

джэмпер
Pulover

талстоўка
Pletena jopica

блэйзер
Jopa

куртка
Jakna

паліто
Plašč

дажджавік
Dežni plašč

касцюм
Kostim

сукенка
Obleka

вясельная сукенка
Poročna obleka

касцюм

Obleka

начная сарочка

Spalna srajca

піжама

Pižama

сары

Sari

хустка

Naglavna ruta

цюрбан

Turban

паранджа

Burka

каптан

Kaftan

Абая

Abaja

купальнік

Kopalke

плаўкі

Kopalne hlače

шорты

Kratke hlače

спартыўны касцюм

Trenirka

фартух

Predpasnik

пальчаткі

Rokavice

гузік

Gumb

акуляры

Očala

бранзалет

Zapestnica

каралі

Verižica

кальцо

Prstan

завушніца

Uhan

кепка

Kapa

вешалка

Obešalnik

капялюш

Klobuk

гальштук

Kravata

маланка

Zadrga

шлем

Čelada

падцяжкі

Naramnice

школьная форма

Šolska uniforma

уніформа

Uniforma

нагруднік

Slinček

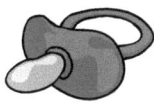

пустышка

Duda

падгузнік

Plenica

офіс

Pisarna

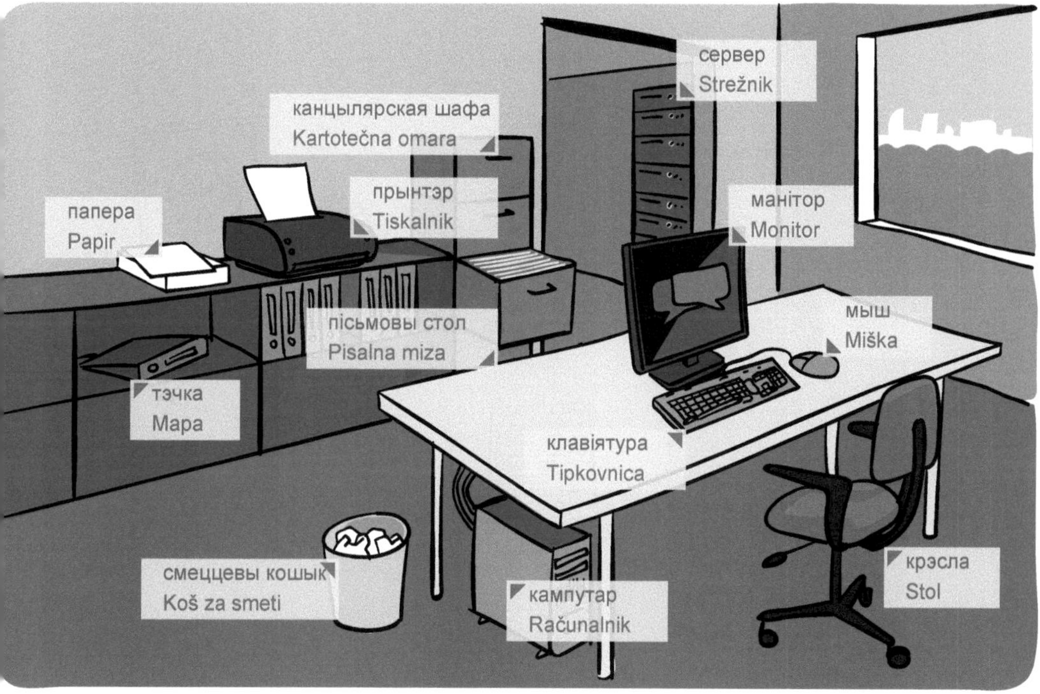

сервер
Strežnik

канцылярская шафа
Kartotečna omara

прынтэр
Tiskalnik

манітор
Monitor

папера
Papir

мыш
Miška

пісьмовы стол
Pisalna miza

тэчка
Mapa

клавіятура
Tipkovnica

смеццевы кошык
Koš za smeti

крэсла
Stol

кампутар
Računalnik

кубак для кавы (філіжанка)

Lonček za kavo

калькулятар

Kalkulator

інтэрнэт

Internet

ноўтбук

Prenosnik

ліст

Pismo

паведамленне

Sporočilo

мабільны тэлефон

Mobilnik

сетка

Omrežje

ксеракс

Kopirni stroj

праграмнае забеспячэнне

Programska oprema

тэлефон

Telefon

разетка

Vtičnica

факс

Telefaks

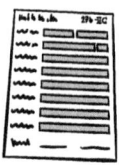

фармуляр

Obrazec

дакумент

Dokument

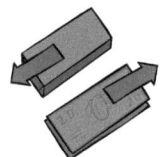

купляць

Kupiti

плаціць

Plačati

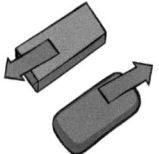

гандляваць

Trgovati

грошы

Denar

долар

Dolar

еўра

Evro

ена

Jen

рубель

Rubelj

франк

Švičarski frank

кітайскі юань

Kitajski juan renminbi

рупія

Rupija

банкамат

Bankomat

абменны пункт

Menjalnica

золата

Zlato

срэбра

Srebro

нафта

Nafta

энергія

Energija

цана

Cena

кантракт

Pogodba

падатак

Davek

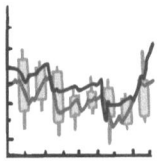

акцыя

Delnice

працаваць

Delati

служачы

Delojemalec

працадаўца

Delodajalec

фабрыка

Tovarna

крама

Trgovina

прафесіі
Poklici

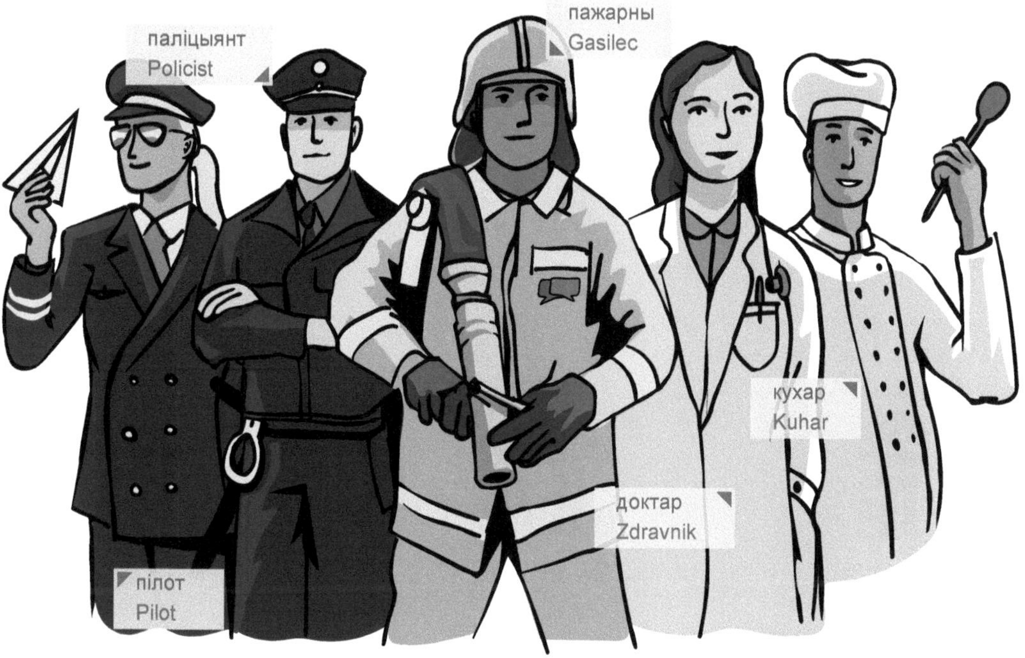
пажарны
Gasilec
паліцыянт
Policist
кухар
Kuhar
доктар
Zdravnik
пілот
Pilot

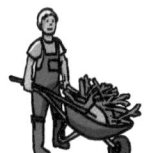

садоўнік
Vrtnar

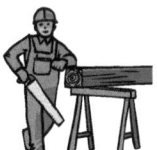

слесар
Mizar

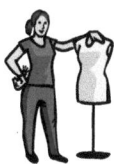

швачка
Šivilja

суддзя
Sodnik

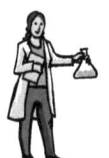

хімік
Kemik

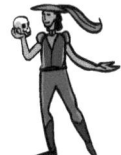

артыст
Igralec

кіроўца аўтобуса

Voznik avtobusa

таксіст

Taksist

рыбак

Ribič

прыбіральшчыца

Čistilka

страхар

Krovec

афіцыянт

Natakar

паляўнічы

Lovec

мастак

Pleskar

пекар

Pek

электрык

Električar

будаўнік

Gradbenik

інжынер

Inženir

мяснік

Mesar

сантэхнік

Vodovodni inštalater

паштальён

Poštar

салдат

Vojak

архітэктар

Arhitekt

касір

Blagajnik

фларыст

Cvetličar

цырульнік

Frizer

кандуктар

Sprevodnik

механік

Mehanik

капітан

Kapitan

стаматолаг

Zobozdravnik

вучоны

Znanstvenik

рабін

Rabin

імам

Imam

манах

Menih

святар

Duhovnik

інструменты
Orodje

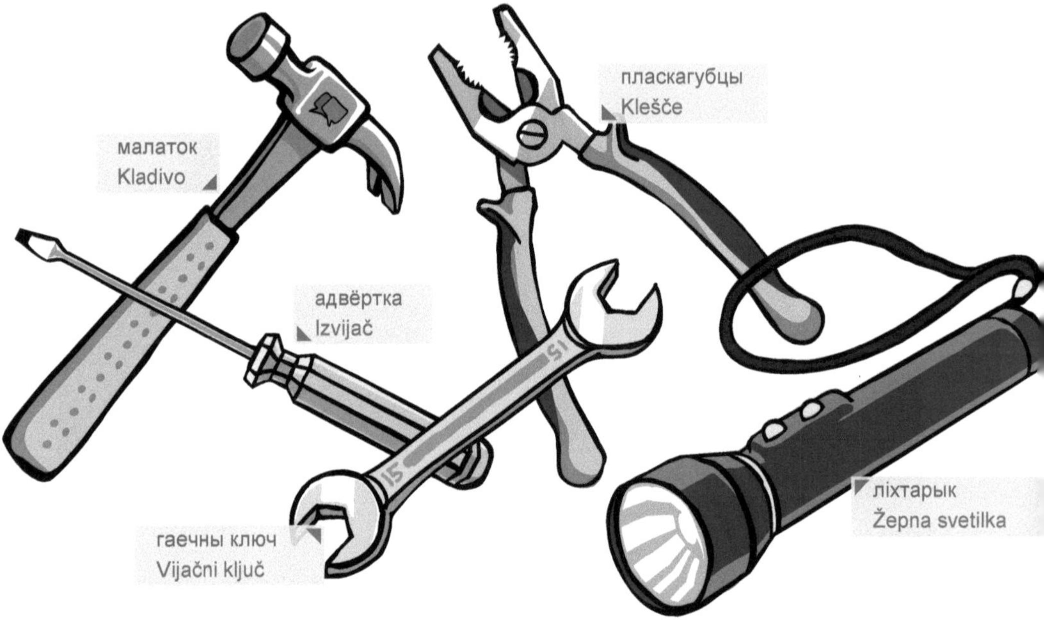
малаток
Kladivo
пласкагубцы
Klešče
адвёртка
Izvijač
ліхтарык
Žepna svetilka
гаечны ключ
Vijačni ključ

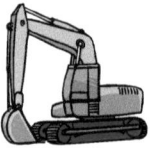

экскаватар

Bager

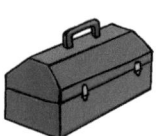

скрыня для інструментаў

Zaboj z orodjem

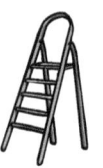

дравіны

Lestev

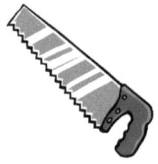

піла

Žaga

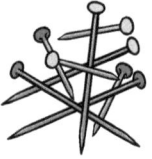

цвікі

Žeblji

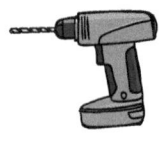

дрыль

Vrtalnik

рамантаваць

Popraviti

рыдлеўка

Lopata

Халера!

Šment!

шуфлік для смецця

Smetišnica

вядро з фарбаю

Posoda z barvo

балты

Vijaki

музычныя інструменты
Glasbeni instrument

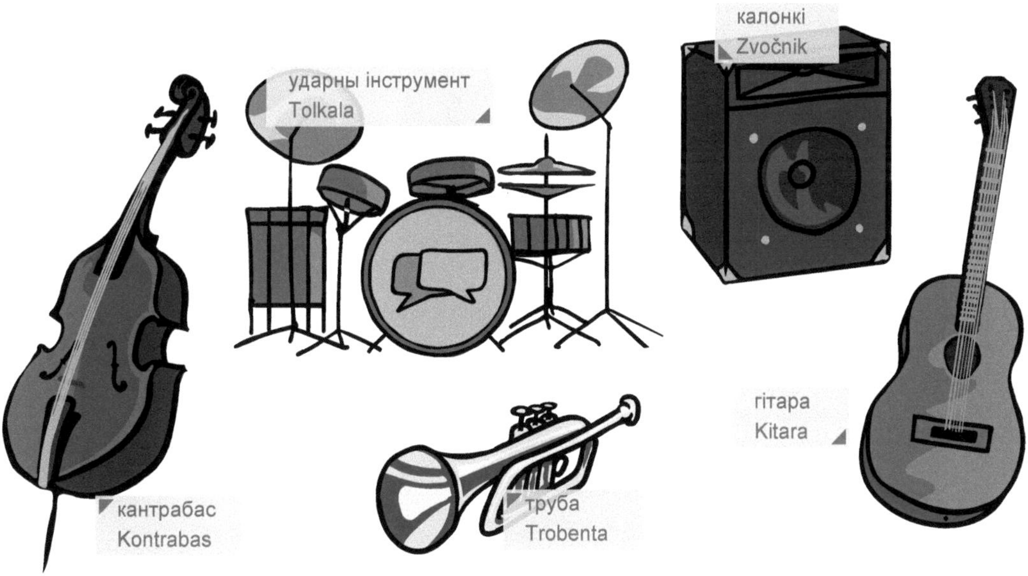

калонкі
Zvočnik

ударны інструмент
Tolkala

гітара
Kitara

кантрабас
Kontrabas

труба
Trobenta

піяніна

Klavir

скрыпка

Violina

басгітара

Bas kitara

літаўры

Pavke

барабан

Bobni

клавішны электрамузычны
інструмент

Sintetizator

саксафон

Saksofon

флейта

Flavta

мікрафон

Mikrofon

заапарк
Živalski vrt

тыгр
Tiger

уваход
Vhod

клетка
Kletka

зебра
Zebra

корм для жывёл
Krma za živali

панда
Panda

жывёлы

Živali

слон

Slon

кенгуру

Kenguru

насарог

Nosorog

гарыла

Gorila

мядзведзь

Medved

вярблюд

Kamela

стравус

Noj

леў

Lev

малпа

Opica

фламінга

Plamenec

папугай

Papagaj

белы мядзведзь

Severni medved

пінгвін

Pingvin

акула

Morski pes

паўлін

Pav

змяя

Kača

кракадзіл

Krokodil

наглядчык заапарка

Oskrbnik v živalskem vrtu

цюлень

Tjulenj

ягуар

Jaguar

поні

Poni

леапард

Leopard

бегемот

Povodni konj

жыраф

Žirafa

арол

Orel

дзік

Divji prašič

рыбак

Riba

чарапаха

Želva

морж

Mrož

ліса

Lisica

газель

Gazela

амерыканскі футбол
Ameriški nogomet

веласпорт
Kolesarjenje

тэніс
Tenis

баскетбол
Košarka

плаванне
Plavanje

бокс
Boks

хакей з шайбай
Hokej

футбол
Nogomet

бадмінтон
Badminton

лёгкая атлетыка
Atletika

гандбол
Rokomet

горныя лыжы
Smučanje

пола
Polo

скакаць
Skočiti

абдымаць
Objeti

смяяцца
Smejati se

ісці
Hoditi

спяваць
Peti

марыць
Sanjati

маліцца
Moliti

цалаваць
Poljubiti

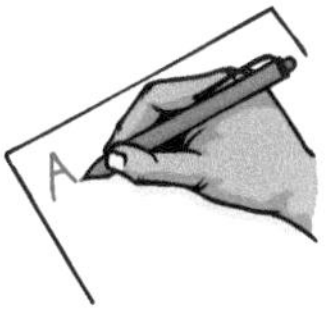

пісаць
Pisati

маляваць
Risati

паказваць
Pokazati

націснуць
Potisniti

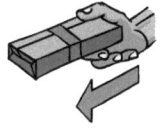

даваць
Dati

браць
Vzeti

маць

Imeti

выконваць

Narediti

быць

Biti

стаяць

Stati

бегчы

Teči

цягнуць

Vleči

кідаць

Vreči

падаць

Pasti

ляжаць

Ležati

чакаць

Čakati

насіць

Nositi

сядзець

Sedeti

апранацца

Obleči se

спаць

Spati

прачынацца

Zbuditi se

глядзець

Gledati

плакаць

Jokati

лашчыць

Božati

прычэсвацца

Česati se

гаварыць

Govoriti

разумець

Razumeti

пытаць

Vprašati

чуць

Poslušati

піць

Piti

есці

Jesti

прыбіраць

Pospraviti

кахаць

Ljubiti

гатаваць

Kuhati

ехаць

Voziti

лятаць

Leteti

плаваць пад ветразем

Jadrati

лічыць

Računanje

чытаць

Brati

вучыць

Učiti se

працаваць

Delati

уступаць у шлюб

Poročiti se

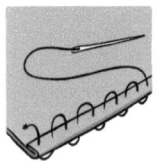

шыць

Šivati

чысціць зубы

Ščetkati si zobe

забіваць

Ubiti

курыць

Kaditi

пасылаць

Poslati

бабуля
Stara mati

дзядуля
Stari oče

бацька
Oče

маці
Mati

дзіця
Dojenček

дачка
Hči

сын
Sin

госць

Gost

цётка

Teta

дзядзька

Stric

брат

Brat

сястра

Sestra

цела

Telo

лоб
Čelo
вока
Oko
плячо
Rama
палец
Prst
твар
Obraz
падбародак
Brada
рука
Dlan
нага
Noga
грудзі
Prsi
рука
Roka

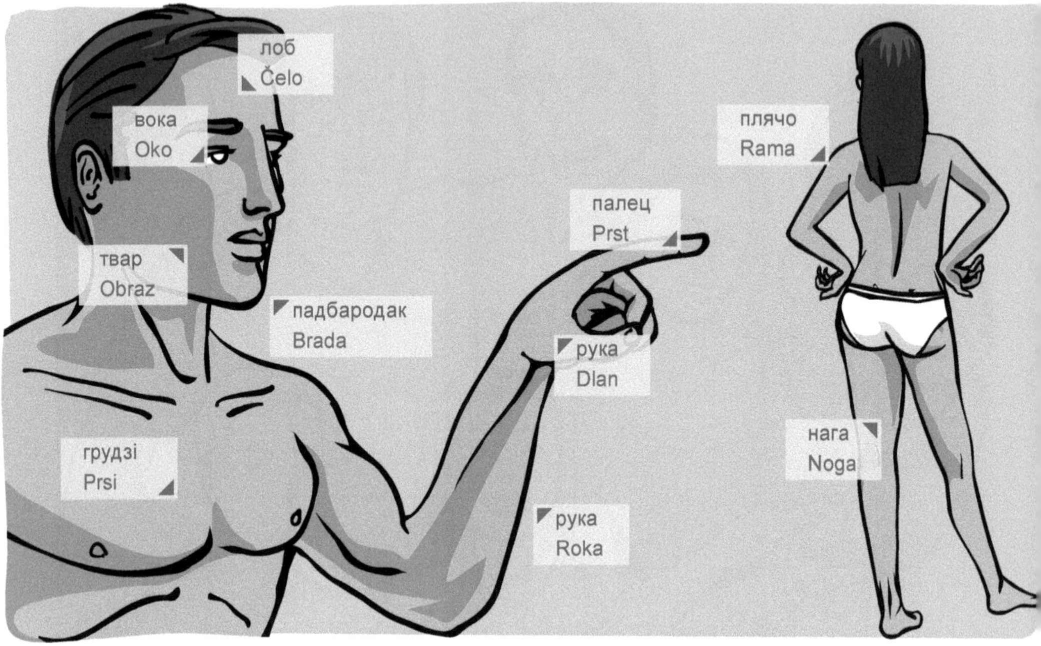

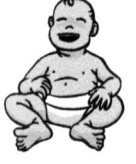

дзіця

Dojenček

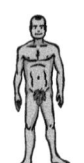

мужчына

Človek

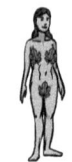

жанчына

Ženska

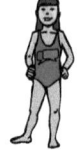

дзяўчынка

Dekle

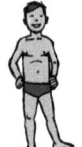

хлопчык

Fant

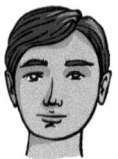

галава

Glava

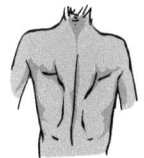

спіна

Hrbet

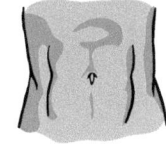

жывот

Trebuh

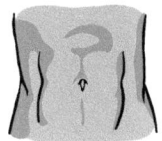

пуп

Popek

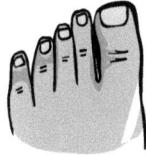

палец нагі

Prst na nogi

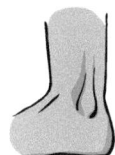

пятка

Peta

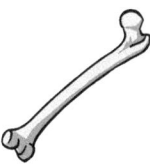

костка

Kost

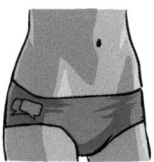

бядро

Kolk

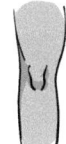

калена

Koleno

локаць

Komolec

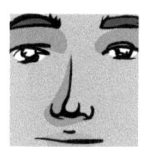

нос

Nos

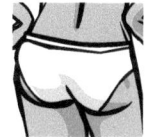

ягадзіца

Zadnjica

скура

Koža

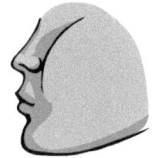

шчака

Lice

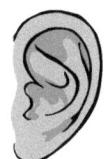

вуха

Uho

губа

Ustnica

цела - Telo

69

рот

Usta

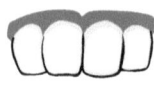

зуб

Zob

язык

Jezik

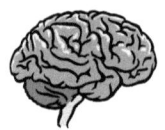

галаўны мозг

Možgani

сэрца

Srce

мышца

Mišica

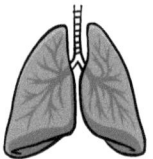

лёгкае

Pljuča

пячонка

Jetra

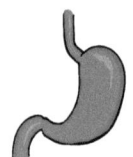

страўнік

Želodec

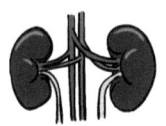

ныркі

Ledvice

сэкс

Spolni odnos

прэзерватыў

Kondom

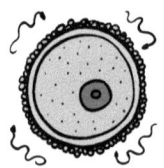

яйцаклетка

Jajčece

сперма

Semenska tekočina

цяжарнасць

Nosečnost

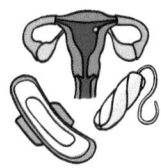

менструацыя

Menstruacija

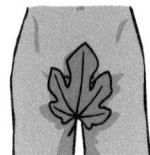

похва

Vagina

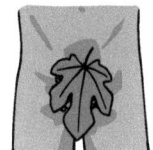

пеніс

Penis

брыво

Obrv

валасы

Lasje

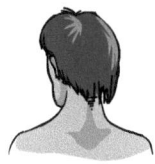

шыя

Vrat

шпіталь
Bolnišnica

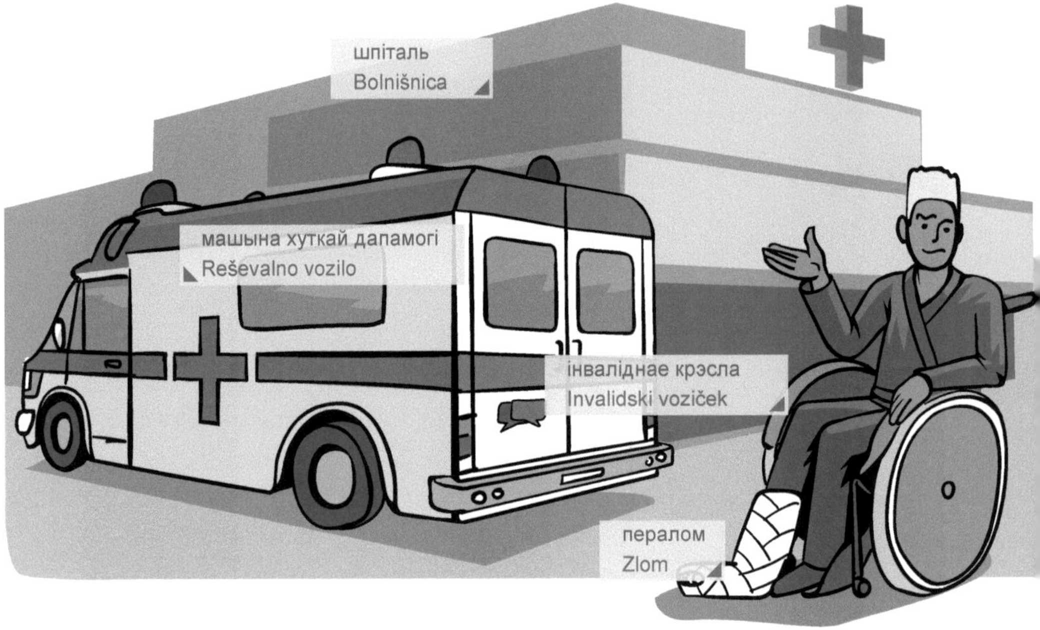

шпіталь
Bolnišnica
машына хуткай дапамогі
Reševalno vozilo
інваліднае крэсла
Invalidski voziček
пералом
Zlom

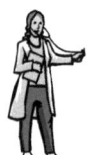

доктар

Zdravnik

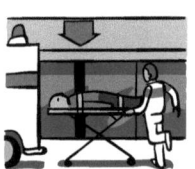

аддзяленне першай дапамогі

Urgenca

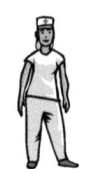

медсястра

Medicinska sestra

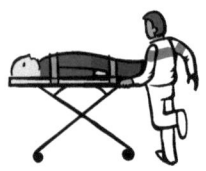

экстраная дапамога

Nujni primer

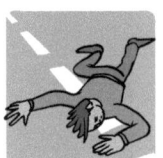

непрытомны

Nezavesten

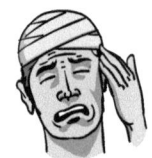

боль

Bolečina

траўма

Poškodba

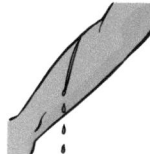

крывацёк

Krvavenje

інфаркт

Srčni infarkt

апаплексія

Kap

алергія

Alergija

кашаль

Kašelj

гарачка

Vročina

грып

Gripa

панос

Driska

галаўны боль

Glavobol

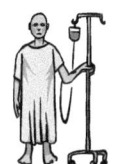

рак

Rak

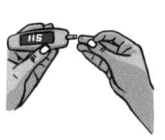

дыябет

Sladkorna bolezen

хірург

Kirurg

скальпель

Skalpel

аперацыя

Operacija

КТ

CT

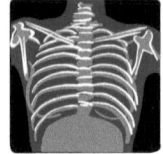

рэнтген

Rentgen

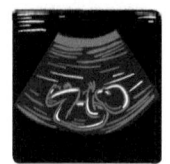

ультрагук

Ultrazvok

маска

Obrazna maska

хвароба

Bolezen

пачакальня

Čakalnica

мыліца

Bergla

пластыр

Obliž

бінт

Preveza

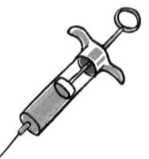

ін'екцыя

Injekcija

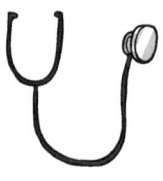

стэтаскоп

Stetoskop

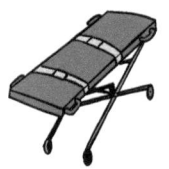

насілкі

Nosila

градуснік

Klinični termometer

нараджэнне

Porod

лішняя вага

Prekomerna teža

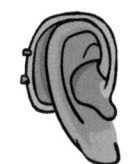

слухавы апарат

Slušni pripomoček

дэзінфекцыйны сродак

Razkužilo

інфекцыя

Okužba

вірус

Virus

ВІЧ/СНІД

HIV / AIDS

лекі

Medicina

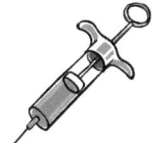

прышчэпка

Cepljenje

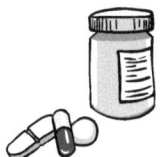

таблеткі

Tablete

супрацьзачаткавая таблетка

Tableta

экstraны выклік

Klic v sili

танометр

Merilnik krvnega tlaka

хворы / здаровы

bolano / zdravo

Ратуйце!

Na pomoč!

сігналізацыя

Alarm

напад

Napad

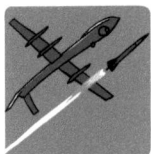

атака

Napad

небяспека

Nevarnost

аварыйны выхад

Izhod v sili

Пажар!

Gori!

вогнетушыцель

Gasilni aparat

аварыя

Nezgoda

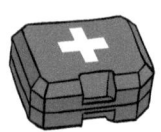

аптэчка

Komplet za prvo pomoč

СОС

SOS

паліцыя

Policija

Еўропа

Evropa

Паўночная Амерыка

Severna Amerika

Паўднёвая Амерыка

Južna Amerika

Афрыка

Afrika

Азія

Azija

Аўстралія

Avstralija

Атлантычны акіян

Atlantski ocean

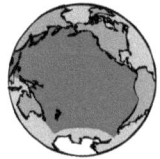

Ціхі акіян

Tihi ocean

Індыйскі акіян

Indijski ocean

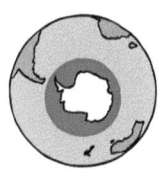

Паўднёвы ледавіты акіян

Južni ocean

Паўночны ледавіты акіян

Arktični ocean

Паўночны полюс

Severni tečaj

Паўднёвы полюс

Južni tečaj

Антарктыда

Antarktika

Зямля

Zemlja

краіна

Kopno

мора

Morje

востраў

Otok

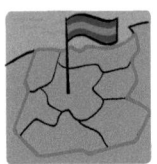

нацыя

Narod

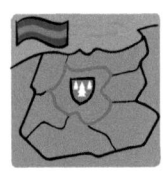

дзяржава

Država

цыферблат

Številčnica

гадзінная стрэлка

Urni kazalec

хвілінная стрэлка

Minutni kazalec

секундная стрэлка

Sekundni kazalec

Колькі часу?

Koliko je ura?

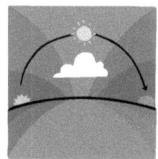

дзень

Dan

час

Čas

зараз

Zdaj

электронны гадзіннік

Digitalna ura

хвіліна

Minuta

гадзіна

Ura

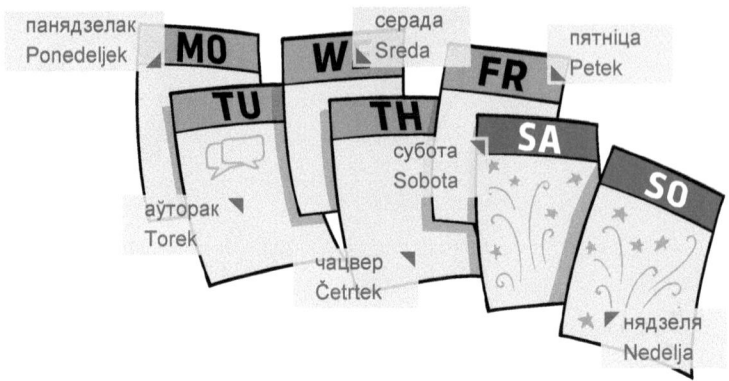

панядзелак
Ponedeljek

серада
Sreda

пятніца
Petek

аўторак
Torek

чацвер
Četrtek

субота
Sobota

нядзеля
Nedelja

ўчора
Včeraj

сёння
Danes

заўтра
Jutri

раніца
Jutro

абед
Poldne

вечар
Večer

працоўныя дні
Delovni dnevi

выхадныя
Konec tedna

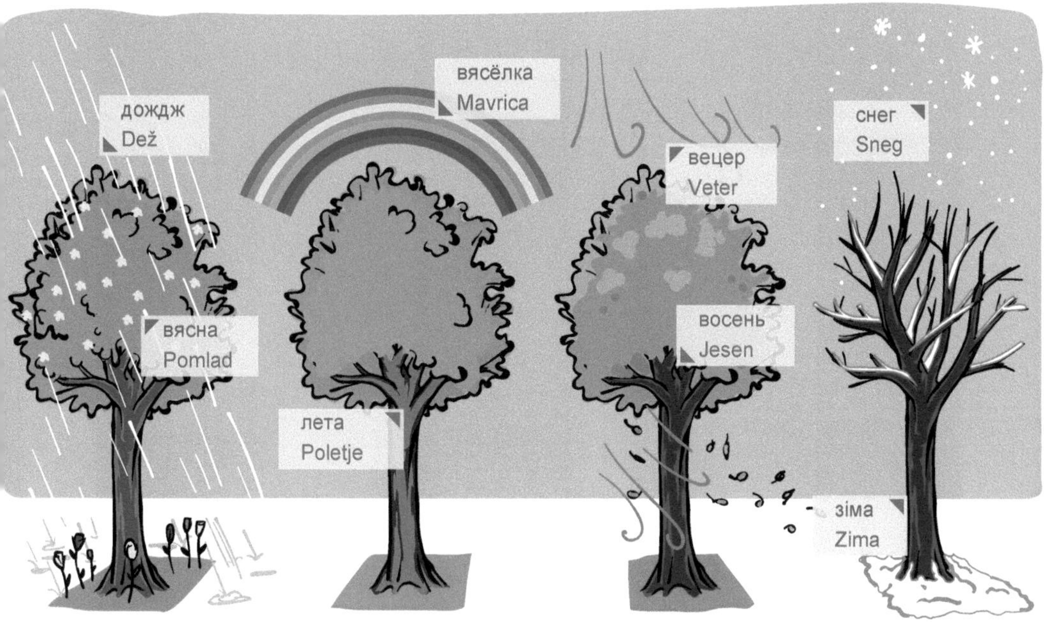

дождж
Dež
вясёлка
Mavrica
вецер
Veter
снег
Sneg
вясна
Pomlad
восень
Jesen
лета
Poletje
зіма
Zima

4.APRIL 11°
5.APRIL 4°
6.APRIL 13°
7.APRIL 8°
8.APRIL 10°

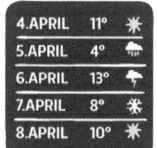

прагноз надвор'я

Vremenska napoved

F C
120 40
90 30
60 20
30 10
0 0
-30 -10
-20

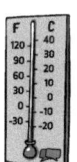

градуснік

Termometer

сонечнае святло

Sončna svetloba

воблака

Oblak

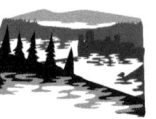

туман

Megla

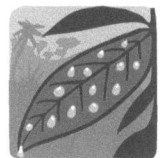

вільготнасць паветра

Vlažnost

маланка

Strela

гром

Grom

бура

Nevihta

град

Toča

мусонны вецер

Monsun

прыліў

Poplava

лёд

Led

студзень

Januar

люты

Februar

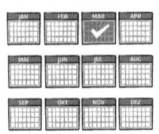

сакавік

Marec

красавік

April

май

Maj

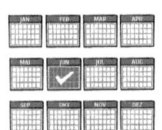

чэрвень

Junij

ліпень

Julij

жнівень

Avgust

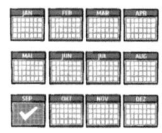

верасень

September

кастрычнік

Oktober

лістапад

November

снежань

December

круг

Krogla

квадрат

Kvadrat

прамавугольнік

Pravokotnik

трохвугольнік

Trikotnik

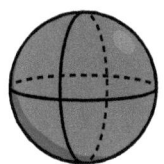

шар

Krogla

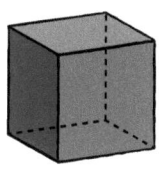

куб

Kocka

белы
....
Bela

жоўты
....
Rumena

аранжавы
....
Oranžna

ружовы
....
Rožnata

чырвоны
....
Rdeča

фіялетавы
....
Vijolična

сіні
....
Modra

зялёны
....
Zelena

карычневы
....
Rjava

шэры
....
Siva

чорны
....
Črna

шмат / мала

veliko / malo

злы / добры

jezno / umirjeno

прыгожы / брыдкі

lepo / grdo

пачатак / канец

začetek / konec

высокі / малы

veliko / majhno

светлы / цёмны

svetlo / temno

сястра / брат

brat / sestra

чысты / брудны

čisto / umazano

поўны / няпоўны

popolno / nepopolno

дзень / ноч

dan / noč

мёртвы / жывы

mrtvo / živo

шырокі / вузкі

široko / ozko

ядомы / неядомы

užitno / neužitno

злы / добры

zlobno / prijazno

узбуджаны / нудны

vznemirjeno / zdolgočaseno

тоўсты / тонкі

debelo / vitko

першы / апошні

prvo / zadnje

сябар / вораг

prijatelj / sovražnik

поўны / пусты

polno / prazno

цвёрды / мяккі

trdo / mehko

важкі / лёгкі

težko / lahko

голад / смага

lakota / žeja

хворы / здаровы

bolano / zdravo

нелегальны / легальны

nezakonito / zakonito

разумны / дурны

pametno / neumno

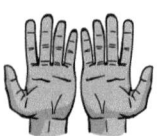

левы / правы

levo / desno

побач / далёка

blizu / daleč

новы / былы ва ўжыванні

novo / rabljeno

нічога / нешта

nič / nekaj

стары / малады

staro / mlado

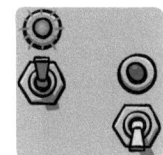

укл / выкл

vklopljeno / izklopljeno

адчынены / зачынены

odprto / zaprto

ціхі / гучны

tiho / glasno

багаты / бедны

bogato / revno

правільна / няправільна

prav / narobe

шурпаты / гладкі

grobo / gladko

сумны / шчаслівы

žalostno / veselo

кароткі / доўгі

kratko / dolgo

павольны / хуткі

počasi / hitro

вільготны / сухі

mokro / suho

цёплы / халаднаваты

toplo / hladno

вайна / мір

vojna / mir

0

нуль

Nّičla

1

адзін

Ena

2

два

Dva

3

тры

Tri

4

чатыры

Štiri

5

пяць

Pet

6

шэсць

Šest

7

сем

Sedem

8

восем

Osem

9

дзевяць

Devet

10

дзесяць

Deset

11

адзінаццаць

Enajst

12

дванаццаць

Dvanajst

13

трынаццаць

Trinajst

14

чатырнаццаць

Štirinajst

15

пятнаццаць

Petnajst

16

шаснаццаць

Šestnajst

17

сямнаццаць

Sedemnajst

18

васямнаццаць

Osemnajst

19

дзевятнаццаць

Devetnajst

20

дваццаць

Dvajset

100

сто

Sto

1.000

тысяча

Tisoč

1.000.000

мільён

Milijon

англійская

Angleščina

англійская (Амерыка)

Ameriška angleščina

кітайская мандарынская

Mandarinščina

хіндзі

Hindujščina

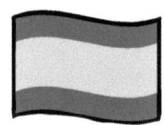

іспанская

Španščina

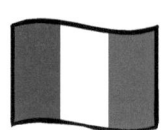

французская

Francoščina

арабская

Arabščina

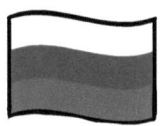

руская

Ruščina

партугальская

Portugalščina

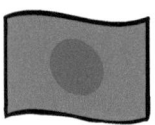

бенгальская

Bengalščina

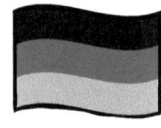

нямецкая

Nemščina

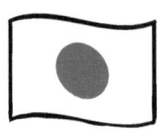

японская

Japonščina

я

Jaz

ты

Ti

ён / яна / яно

On / ona / tisto

мы

Mi

вы

Vi

яны

Oni

хто?

Kdo?

што?

Kaj?

як?

Kako?

дзе?

Kje?

калі?

Kdaj?

імя

Ime

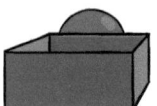

за

Zadaj

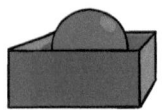

у

V

перад

Pred

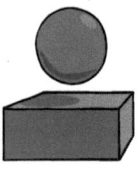

над

Nad

на

Na

пад

Pod

каля

Poleg

паміж

Med

месца

Kraj